Forschen, Bauen, Staunen von A bis Z

Y wie Yes

Yes!!! Das ruft man, wenn man gewonnen hat. Kein Wunder also, dass es in diesem Buch um Wettspiele geht. Und nicht nur das: Wenn du Lust hast, kannst du ganz nebenbei auch noch ein bisschen Englisch lernen.

Gut möglich, dass Erwachsene die Spiele genauso spannend finden wie du. Sei großzügig und lass sie mitmachen! Es gibt sogar ein paar Dinge, bei denen du ihre Unterstützung brauchst.

Los geht's!

tinkerbrain*

In diesem Buch stehen ganz viele englische Wörter. Wer findet mehr? Du oder deine Freunde?

Was findest du → wo?

Wettkugeln → Seite 4

Wettwickeln → Seite 14

Wetthüpfen → Seite 24

Wettbewegen → Seite 34

Wettschießen → Seite 44

Die wichtigsten Wörter mit Y → Seite 54

„Ich schaffe 15 Punkte auf der Kugelbahn!"

Aaron, 8 Jahre

Anzahl der Spieler: 1, 2 oder mehr

Spieldauer: Bis die Pappe Fransen hat!

Spielregeln:

1. Den Ball mit Schwung über die Bahn rollen. Landet er in einem der Zahlenfelder, gibt es die entsprechende Punktzahl.

2. Bleibt der Ball unten liegen, gibt es keine Punkte.

3. Fliegt der Ball aus der Bahn heraus, darf der Wurf wiederholt werden.

Wettspiel: Jeder Spieler rollt alle drei Bälle und zählt seine Punkte. Mehrere Runden spielen und immer den Zwischenstand aufschreiben. Wer am Ende die meisten Punkte hat, gewinnt.

Clever gewinnen: Den Ball mit Schwung in Richtung Rampe rollen – nicht werfen!

Das brauchst du:

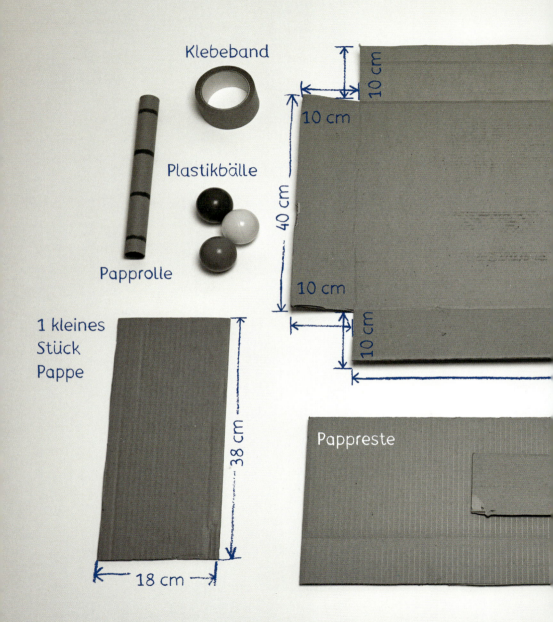

Zwei gleich große Pappen,
die du so zurechtschneidest:

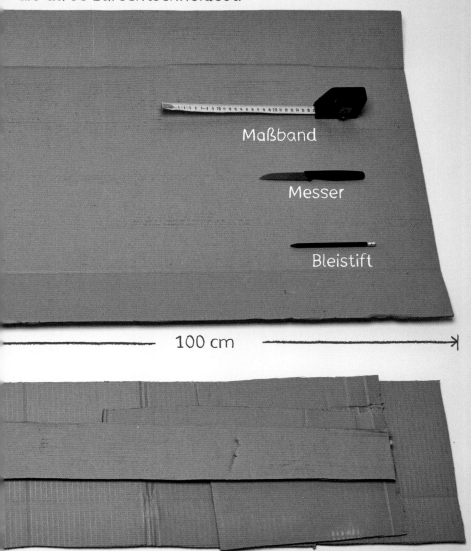

100 cm

So baust du das Spiel:

1. Ritze vorsichtig mit dem Messer die Linien auf der großen Pappe an. So lassen sich die Seitenteile leicht hochstellen.

2. Klebe die Ecken mit dem Klebeband zusammen.

5. Klebe die Rolle auf die andere Pappe, etwa 20 Zentimeter vor dem Ende.

6. Klebe die kleine Pappe schräg darauf fest. Nimm dazu einen langen Streifen Klebeband.

3. Hindernisse aus Pappresten aufmalen und ausschneiden. Um Rundungen hinzubekommen, ritze die Pappe mit dem Messer auf einer Seite ein.

4. Hindernisse mit dem Klebeband auf die Pappe kleben.

7. Die beiden Bahnteile zusammenschieben. Den oberen Teil zum Beispiel an einen Hocker lehnen. Teste aus: Was ist die ideale Schräge für die Rampe? Wie muss der Abstand zwischen Rolle und Rampe sein, damit die Bälle optimal fliegen?

English lesson No. 1
Die Farben auf Englisch sind total easy!

„Ich wickle meine Mumie mit High Speed!"

Alice, 10 Jahre

Anzahl der Spieler: mehrere 2er-Teams (Jedes Team besteht aus einer Mumie und einem Wickler.)

Spieldauer: Bis die Fetzen fliegen!

Spielregeln:
1. Der Wickler wickelt die Mumie in Toilettenpapier.

2. Wer zuerst fertig ist, der gewinnt. Achtung: Körper, Gesicht, Haare und Füße sollen ganz mit Papier bedeckt sein.

Wettspiel: Mehrere Teams treten gegeneinander an. Wer fertig ist, schreit: „YES!"

Clever gewinnen: Langsam und locker wickeln! Mit wenigen Rissen im Papier hast du gute Chancen!

Das brauchst du:

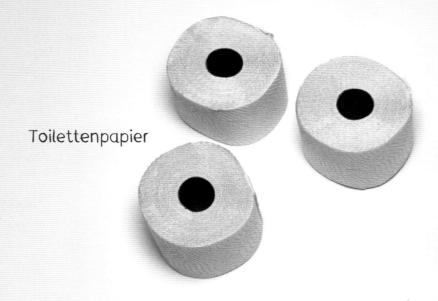

Toilettenpapier

18

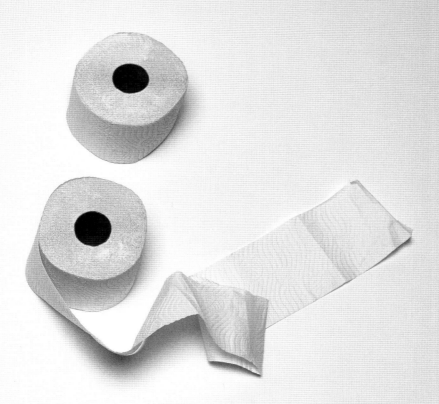

So geht's:

1. Unten anfangen. Wickle das Papier locker um die Mumie, dann reißt es nicht so schnell.

2. Falls es doch passiert, schiebe das lose Papierende unter andere Lagen von Papier, damit es nicht runterrutscht. Dann weiterwickeln.

3. Fertig? Dann darf die tapfere Mumie sich mit einem wilden Sprung befreien!

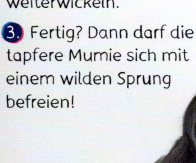

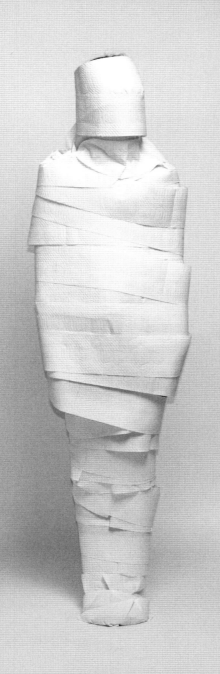

English lesson No. 2
Wo ist die Mumie? Hier lernst du die englischen Wörter dazu kennen.

between

paper roll →

mummy →

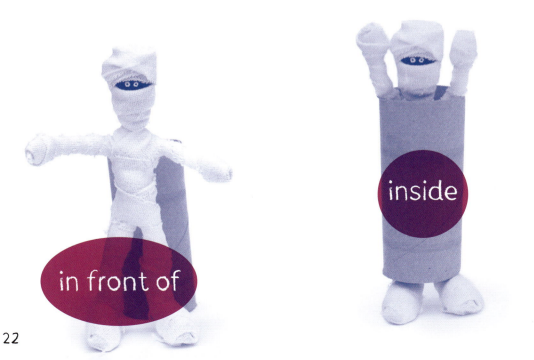

in front of

inside

22

„Ich bin super im Hüpfen und Kicken!"

Mona, 10 Jahre

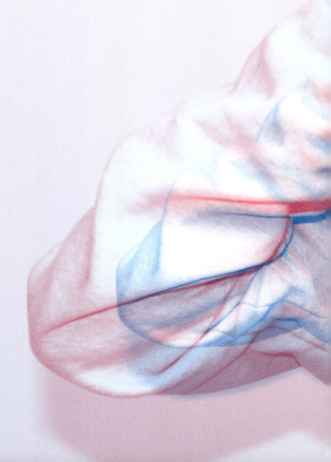

Anzahl der Spieler: 1, 2 oder mehr

Spieldauer: Bis die Muskeln schlapp machen!

Spielregeln:
1. Vom Startpunkt vor Kästchen einen Stein in Kästchen 1 werfen und auf einem Bein hinterherhüpfen.

2. Stein zum Startpunkt kicken und zurück hüpfen. Der Fuß darf keine Linie berühren.

3. Geschafft? Dann muss der Stein in der nächsten Runde in Kästchen 2 geworfen werden. Hinhüpfen und Stein auch genau so zum Startpunkt zurückkicken.

4. Wer daneben wirft, auf eine Linie springt oder den Fuß absetzt, kann erst in der nächsten Runde weitermachen.

Wettspiel: Wer schafft es zuerst bis zu Kästchen 11 und wieder zurück?

Clever gewinnen: Am Startpunkt kannst du wählen, ob rechtes oder linkes Bein. Abwechseln!

Das brauchst du:

Stein

Tipp 1: Mit dem Malerkrepp kannst du auch in der Wohnung Hüpfekästchen aufkleben. Es hält sogar auf Teppich. Anstelle eines Steins nimmst du dann ein Säckchen, dass du mit Bohnen oder Reis füllst.

Tipp 2: Draußen kannst du die Felder natürlich auch mit Straßenkreide aufmalen.

Malerkrepp

So baust du das Spiel:

1. Mit dem Malerkrepp elf Kästchen kleben.

3. Für Rundungen Malerkrepp in kleine Stücke reißen.

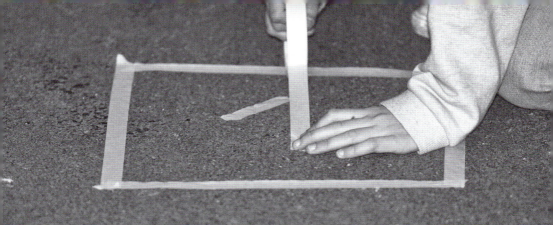

2. Die Zahlen 1 bis 11 aufkleben. 5 und 6 sowie 9 und 10 werden nebeneinandergeklebt.

4. In den Einzelfeldern darfst du nur mit einem Bein hüpfen. Bei den Doppelfeldern (4, 5 und 9, 10) gleichzeitig in beide Felder hüpfen, rechter Fuß in rechtes Feld, linker Fuß in linkes Feld.

English lesson No. 3
One, two, three ... Wie man auf Englisch zählt, hast du eins, zwei, drei gelernt!

„Ich bewege mich wie ein Spion durch den Dschungel!"

Melina, 8 Jahre

Anzahl der Spieler: **1, 2 oder mehr**

Spieldauer: **Bis du Gummiknochen hast!**

Spielregeln:

1. Die Bindfäden dürfen nicht berührt werden. Falls doch, klingeln die Glöckchen Alarm.

2. Fortgeschrittene Spieler vereinbaren eine bestimmte Zeit, in der man es durch das Labyrinth schaffen muss.

Wettspiel: Wer schafft es als Erster durch das Labyrinth – ohne dass die Glöckchen klingeln?

Clever gewinnen: Überlege dir immer die nächste Bewegung ganz genau. Ganz wichtig: Schau dir kluge Tricks bei den anderen ab und kopiere sie.

Das brauchst du:

Bindfaden

So baust du das Spiel:

1. Stühle sind ideal, um damit einen Parcours aufzubauen. Fang mit einem festen Knoten an einem Stuhlbein an.

2. Führe den Faden ganz oft hin und her. Mach zwischendurch Knoten, damit der Faden nicht verrutscht.

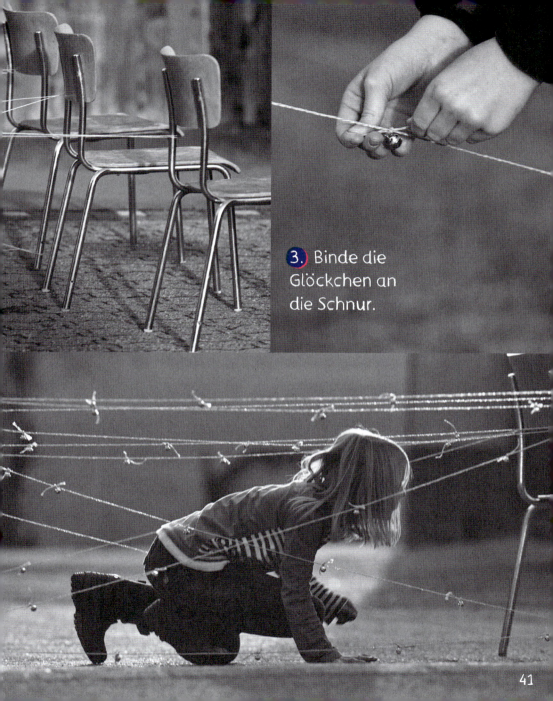

3. Binde die Glöckchen an die Schnur.

„Wasserpistolen sind cool!"

Marvin, 9 Jahre

Anzahl der Spieler: **1, 2 oder mehr**
Spieldauer: Bis die Sonne untergeht!

Spielregeln:

1. Wasserpistole laden. Idealen Abstand ausprobieren und markieren.

2. Mit dem Wasserstrahl die Tischtennisbälle von den Halterungen spritzen.

Wettspiel: Wer zuerst 5 oder alle Bälle runtergeschossen hat, gewinnt. Oder auf Zeit spielen: Wie viele Bälle schafft jeder in einer Minute?

Clever gewinnen: Ziel anschauen. Hand ruhig halten. Ausatmen. Konzentrieren. Schießen.

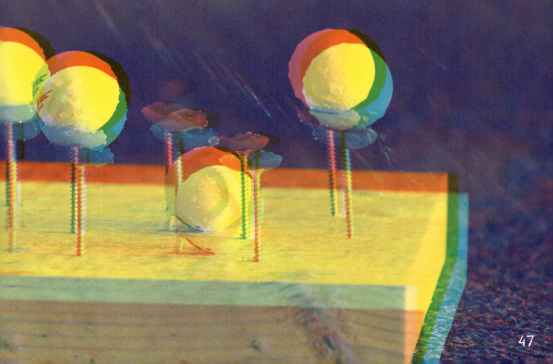

Das brauchst du:

Knete
Wasserpistole
Tischtennisbälle

dickes Holzbrett

Bleistift Schraubendreher

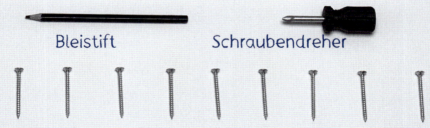

9 lange Schrauben

So baust du das Spiel auf:

1. Lege die Schrauben in gleichmäßigen Abständen auf das Brett.

3. Alle Schrauben gut festschrauben. Achte darauf, dass sie wirklich senkrecht im Brett stehen.

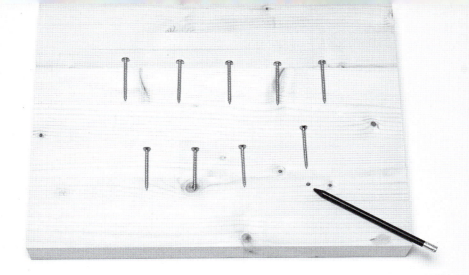

2. Markiere die Stellen, an denen du sie einschrauben willst.

4. Aus der Knete kleine Teller formen und auf die Schrauben drücken.

51

English lesson No. 5
Viele Sportarten haben englische Namen. Was glaubst du, worüber sich die kleinen Typen unterhalten?

Yes! Wer kennt Wörter mit Y?

Yes fängt mit Y an. Y ist ein ganz seltener Anfangsbuchstabe. So selten, dass es im Grundwortschatz 500 kein Wort gibt, das damit beginnt. Denn dort stehen nur Wörter, die du häufiger brauchst als andere. Es ist praktisch, sie genau zu kennen! Hast du sie einmal gelernt, wird dir vieles leichtfallen: Lesen, Schreiben und Forschen zum Beispiel.

Alle 500 Wörter findest du in der Wörterfresser-App. Dort kannst du den hungrigen Wörterfresser mit diesen Wörtern füttern. Gleichzeitig landen sie in deinem Kopf – und bleiben da! Hier kannst du die App runterladen:
→ www.beltz.de/woerterfresser
Das Passwort heißt: Wörterfresser

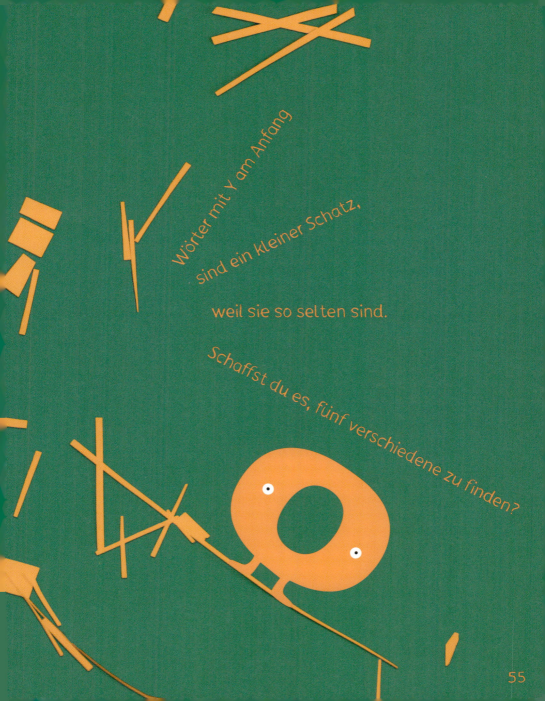

www.beltz.de
© 2014 Beltz & Gelberg
in der Verlagsgruppe Beltz · Weinheim Basel
Alle Rechte vorbehalten. Neue Rechtschreibung

tinkerbrain sind
Anke M. Leitzgen und Gesine Grotrian
www.tinkerbrain.de
Idee, Konzept und Text:
Anke M. Leitzgen
Gestaltung: Gesine Grotrian
Fotografie: Dennis Häntzschel und Anke M. Leitzgen
Mitarbeit: Anne Lachmuth
Reinzeichnung: Tine Breuer
Redaktion: Beatrice Wallis

Gesamtherstellung:
Beltz Bad Langensalza GmbH, Bad Langensalza
Printed in Germany
ISBN 978-3-407-75393-9
1 2 3 4 5   18 17 16 15 14